Günther Carqueville

Jesus gibt Freude die Fülle

Wahre Begegebenheiten

Verlag der
Francke-Buchhandlung GmbH
Marburg an der Lahn

Dieses Buch ist eine Ergänzung des Buches „Parole?" – „Jesus!" Es möchte Freude bereiten, indem es auf den hinweist, der uns mehr zu geben hat, als alle Schaufenster der Welt uns anbieten können.

CIP-Titelaufnahme der Deutschen Bibliothek

Carqueville, Günther:
Jesus gibt Freude die Fülle : wahre Begebenheiten / Günther Carqueville.
– Marburg an d. Lahn : Francke, 1989
(TELOS-Bücher : Nr. 572 : TELOS-Taschenbuch)
ISBN 3-88224-707-X
NE: GT

3550 Marburg an der Lahn
Umschlaggestaltung: Herybert Kassühlke
Satz: Druckerei Schröder, 3552 Wetter/Hessen
Druck: St.-Johannis-Druckerei, Lahr

TELOS-Taschenbuch Nr. 572

Inhalt

Vorwort

Der Ahnherr unserer Familie ist Dr. Martin Luther. Es dürften mehrere tausend Menschen überall auf der Welt sein, die ihre Abstammung auf den Reformator zurückführen. Der in unseren Händen befindliche Stammbaum – er ist uns trotz aller Kriegswirren erhalten geblieben – geht eindeutig bis auf Luthers Eltern zurück. Wir sind das 15. Glied. Wenige Male wechselte der Zuname, bis zu der Zeit Friedrichs des Großen eine Nachfahrin Luthers einen Franzosen heiratete, der im Dienst des Preußenkönigs stand.

Der flämisch-französische Name *Carqueville* bedeutet *Kirchen-Stadt* und muß von uns auf Ämtern o. ä. ständig buchstabiert werden, wobei man sehr oft bei „q“ in verlegenes Stocken kommt und statt dem „q“ ein „g“ einsetzt. Und wie oft wurde unser schöner Name auf Briefumschlägen verstümmelt. So schrieb man an *Herrn Karl Willi*, an Herrn *Aguirellie*, an *Fam. Koergevil* oder *Charguille*, an *Frau Qwaillie* oder *Quarquille* oder *Cukwille* usw. Einer schrieb an Herrn *Pfarrer Churchill*, und auch dieser Brief kam an. Doch zurück zu unserem Ahnherrn.

Zeitlebens hat es mich froh gemacht, von Luther abzustammen. Freilich weiß ich, daß es sehr gefährlich ist, sich der Frömmigkeit seiner Eltern und Voreltern zu rühmen, sofern man nicht in deren Fußstapfen tritt. Ich weiß aber auch, wie wunderbar es ist, wenn ein Mensch bei einer gründlichen Bekehrung mit der Übergabe seines Lebens an Jesus ins Reich des Gottessohnes versetzt wird und nun ein anhaltender, sichtbarer Familiensegen mit unsagbaren Freuden aufbricht.

Günther Carqueville

Freude die Fülle

Alle Menschen, die im Segensbereich unseres Herrn Jesus Christus und seines Wortes leben, erleben Freude die Fülle. Nicht einige *Tröpflein* Freude schüttet der Herr durch seinen Heiligen Geist in unser Leben, sondern Freude *im Überfluß*, solange wir den Mantel der Gnade und Vergebung tragen und die Selbstgerechtigkeit verabscheuen.

Und wenn wir auch tiefe Talsohlen zu durchschreiten haben, und wenn wir in den Schwefelofen des Leides kommen und notvolle Zeiten durchleben: Die vom Geist Gottes gewirkte Freude bleibt als Energiequelle besonderer Art in unserem Leben.

Diese Freude beschenkt uns nicht selten mit einem Schmunzeln, ja sogar mit frohem Lachen. „Unsere Lachmuskeln sind keine Fehlkonstruktion des himmlischen Vaters“, sagte ein Gottesmann sehr richtig. Es war töricht, daß es kirchengeschichtliche Epochen gab, in denen das Lachen der Gläubigen als Sünde angeprangert wurde.

„Wir Christen entschuldigen uns nicht, wenn wir ab und zu herzlich lachen. Aber wir haben allen Grund, uns zu entschuldigen, wenn wir stets trübselig sind“. Das echte Lachen kann *auch* ein Rühmen Gottes sein.

Schwein gehabt

Folgende Geschichte passierte während des Ersten Weltkrieges. Mein Vater – von Beruf Lehrer – war an der Front. Die Mutter lebte mit uns zwei Söhnen in der Provinz Posen. Das Schulhaus, das wir bewohnten, lag völlig einsam in einem landwirtschaftlichen Siedlungsgebiet. Nur selten sahen wir Menschen, zumal der Schulbetrieb eingestellt worden war. Doch der siebzehnjährige Artur Hoffmann, ein ehemaliger Schüler meines Vaters, dessen Eltern drei Kilometer entfernt eine kleine Landwirtschaft besaßen, kam uns ab und zu besuchen, um für meine Mutter in der Stadt Einkäufe zu tätigen. Er sprach meine Mutter, wie es bei uns üblich war, mit „Frau Lehrer", dem Titel ihres Mannes, an.

Dieser Artur hat uns Kindern – ich war damals drei Jahre alt – mächtig imponiert, da er ständig zu Späßen aufgelegt war. Er konnte mit den Ohren wackeln, brachte die Zunge mit Leichtigkeit an die Nasenspitze, konnte auf Anhieb schielen und pfiff ganz laut, wenn er Daumen und Mittelfinger der rechten Hand in den Mund führte. Außerdem konnte er bellen wie ein Hund und besaß einen kleinen Wagen, vor den er einen Esel spannte, und der uns mit seinem „Iiii-Aaaa" oft erschreckte.

Eines Tages, als Artur Hoffmann wieder mal bei uns war, lief ein ausgewachsenes Schwein auf unser Haus zu.

„Frau Lehrer! Frau Lehrer!" rief Artur; „dort drüben sehe ich ein Schwein. Das schlage ich tot. Kein Mensch merkt's; und Sie haben mit Ihren Kindern in den nächsten Wochen etwas Anständiges zu essen."

„Das kommt gar nicht in Frage!" rief meine Mutter. „Ich handle nicht bewußt wider Gottes Gebot. Wir werden versuchen, den Besitzer des Tieres ausfindig zu machen."

„Frau Lehrer! Ich kann Sie nicht verstehen. Wir können doch die einmalige Gelegenheit nicht auslassen."

Kaum hatte Artur diesen Satz ausgesprochen, da kommt seine Mutter angelaufen, sieht ihren Sohn und ruft: „Artur! Artur! Hast du unser Schwein gesehen? Es ist seit zwei Stunden verschwunden. Komm' sofort und hilf suchen."

Und dann sieht sie freudestrahlend ihr Schwein, das ihr Sohn nicht als Eigentum der Familie Hoffmann erkannt hatte und das er für uns schlachten wollte.

Die Bartbinde

Nach der Flucht im Jahre 1919 kamen wir zunächst in ein kleines schlesisches Dorf. Im Jahre 1924 zogen wir in eine Kleinstadt um. In dieser gab es einen Gendarmen in prächtiger Uniform, der immer wieder mit ernster Miene durch die Stadt patroullierte, für Ordnung sorgte und eine Respektsperson ersten Ranges war, zumal er wie ein General einherschritt. Uns Kindern imponierte besonders sein gepflegter Schnurrbart mit aufrechtstehenden Enden.

Eines Tages bat mich meine Mutter in aller Frühe, nachdem wir das Obst im Garten eingesammelt hatten, dem Gendarmen einen Korb mit rotbackigen Äpfeln und Birnen zu bringen.

Ich machte mich auf den Weg und läutete an der Haustür. Es dauerte nicht lange, da riß der Gendarm – das war so seine Art – die Haustür auf, und ich sah den guten Mann, der gerade bei der Morgentoilette war, im Nachtgewand vor mir stehen. Was mich aber in größtes Erschrecken versetzte, war die *Bartbinde*, die er trug. Sowas hatte ich noch nicht gesehen. Es war ein Band, das unterhalb der Nase nach hinten führte, am Hinterkopf zusammengeknüpft wurde und das man morgens mindestens eine halbe Stunde trug. Mit diesem Band wollte der Gendarm dem Schnurrbart für die nächsten Stunden die rechte Fasson geben. Das ließ ich mir später von meinem Vater erklären. In dem Augenblick aber, als der Gendarm die Tür aufriß, meinte ich, ein *Gespenst* vor mir zu haben, ließ den Korb fallen und raste – so schnell ich konnte – nach Hause, wo ich in den liebevollen Armen der Eltern meinen inneren Frieden wiederfand.

Die geliebten Tauben

Wie sehr freute ich mich schon als Kind an ihnen. Mit besonderer Sorgfalt wurde der Taubenschlag gepflegt; und jedesmal flossen Kindertränen, wenn eine Taube vom Ausflug nicht zurückkam.

Noch heute ist es für mich äußerst interessant, mich mit den über 200 Taubenarten zu beschäftigen. Da gibt es den sogenannten *Purzler*, eine Taube, die sich im Flug überschlägt. Da gibt's die *Trommeltaube* mit ihrem trommelähnlichen Gurren. Auch die *Perückentaube*, die mit einem perückenartigen Gefieder geschmückt ist, ist bestaunenswert. Bekannter als Purzler, Trommel- und Perückentaube ist die *Brieftaube*, die auch zur Nachrichtenübermittlung verwandt wird und die in der Stunde 70 bis 100 Kilometer zurücklegen kann.

Es dürfte einige Jahre her sein, da brach sich eine Brieftaube auf dem Nachhauseflug einen Flügel. Und was tat sie? Sie tippelte Hunderte von Kilometern in Richtung Heimat und erreichte sie tatsächlich nach Monaten.

Ob wir mit gleicher Zielstrebigkeit unserer ewigen Heimat entgegengehen?

Der Hund in der Kirche

Als Vikar erlebte ich einmal an einem wunderschönen warmen Nachsommertag in einem nördlich von Breslau gelegenen Dorf einen besonderen Erntedankgottesdienst.

Die Kirche war vollbesetzt. Ihre Türen blieben wegen der großen Wärme offen. Der Altar war mit Gaben reich beladen. Auf den Altarstufen sah man Blumenkohl und Radieschen, Mohrrüben und Äpfel und Birnen sowie zwei riesige Kürbisse und einen großen Korb mit köstlichen Kartoffeln. Auf dem Altar selbst standen wunderschöne Blumen, weiterhin lagen Brote und Würste, Eier und Butter darauf.

Gerade begann ich den zweiten Teil meiner Predigt, da erschien ein nicht allzugroßer Hund, lief zum Altar und schnupperte an den Kürbissen und Gurken herum. Doch plötzlich roch er anscheinend die Würste auf dem Altar und versuchte mehrere Male durch Hochspringen die begehrte Speise zu erhaschen, was ihm jedoch nicht gelang. Der Messner wagte nicht, sich dem Hund zu nähern, da er ihm als äußerst bissig bekannt war.

Die ganze Gemeinde sah wie gebannt dem Treiben des Hundes zu. Welche Stoßgebete ich, während ich langsam weitersprach, gen Himmel schickte, ist leicht zu erraten.

Nach weinigen Minuten ging der Hund auf dem Teppich, der vor dem Altar lag, in Ruhestellung über und schien zuzuhören. Doch nicht lange! Da verließ er, ohne auch nur einmal gebellt zu haben, die Kirche durch einen Seitenausgang. Ein Aufatmen ging durch die Reihen. Und das „Halleluja", das ich anschließend von der Kanzel aus in die Gemeinde hineinrief, hatte die volle Zustimmung der Gemeinde.

Klein-Fritzchen

In einer meiner schlesischen Gemeinden erzählte man sich vor dem Zweiten Weltkrieg die Geschichte von Klein-Fritzchen, der am Sonntagvormittag, während die Eltern in der Kirche waren, auf den Braten aufpassen sollte.

„Und vergiß nicht, wenn es zu brutzeln anfängt, ein bißchen Wasser draufzugießen." Fritzchen vergaß es aber über dem Spielen im Sand.

Doch als eine Rauchwolke ins Freie drang, bekam er es mit der Angst zu tun und rannte so schnell er konnte in die nahegelegene Kirche, um die Mutter zu holen.

Etwas zaghaft betrat er das Gotteshaus. Der Pfarrer, der sich erst seit kurzem im Amt befand, war mitten in seiner Predigt, und Klein-Fritzchen versuchte die Mutter zu erspähen. Leider vergeblich! Kurzentschlossen stellte er sich in den Mittelgang, sah den verdutzten Pfarrer auf der Kanzel stehen und rief in schlesischer Mundart: „Du Moan, durt uben ei der Tunne, huste nich meine Mutter gesahn?" Ins Hochdeutsche übertragen: „Du Mann, dort oben in der Tonne, hast du nicht meine Mutter gesehen?"

Der Pfarrer brauchte nicht zu antworten; denn schon war die Mutter bei ihrem Sprößling, nahm ihn bei der Hand und verließ mit ihm auf schnellstem Wege und mit hochrotem Kopf den Gottesdienst.

Am Strand der Ostsee

Es waren die ersten Evangelisationen in meinem Leben, die ich im Frühjahr 1939 als Vikar, zusammen mit einem lieben Mitbruder, in Dörfern am Ostseestrand, nicht allzuweit von Stettin entfernt, wo wir im Predigerseminar waren, halten durfte.

Unvergeßlich sind mir die Abende in den Fischerdörfern, unvergeßlich die vielen gesegneten Hausbesuche und die Aufgeschlossenheit der meisten Menschen. Als Jungbekehrte kam es uns darauf an, Jesus groß zu machen.

Die Themen, die wir vor unserem Einsatz festgelegt hatten, waren denkbar einfach. So lautete am ersten Abend das Thema *„Sonntag und Werktag"*; mein Amtsbruder sagte einiges über den Sonntag und ich einiges über den Werktag.

Am zweiten Abend hieß das Thema *„Freud und Leid"*, wiederum hatte mein Kollege die erste halbe Stunde mit dem Unterthema „Freude" und ich die zweite halbe Stunde mit dem Unterthema „Leid" zu bestreiten.

Am dritten Abend sprachen wir im gleichen Rhythmus über *„Bibel und Gesangbuch"*,

am vierten Abend über *„Jesus und Satan"*,
am fünften Abend über *„Himmel und Hölle"*,
am sechsten Abend über *„Knechtschaft und Freiheit"*,
am siebten Abend über *„Glück und Segen"* und
am achten Abend über *„Eheleid und Kindersorgen"*;
mein Freund sprach als Unverheirateter über das Unterthema „Eheleid" und ich als ebenfalls noch nicht Verheirateter über das Unterthema „Kindersorgen".

Heute nach 50 Jahren würde ich das Gesamtthema des 8. Abends völlig anders formulieren. Es würde heute heißen: *„Ehefreude und Kindersegen"*

Ein Genie

Manchem vollmächtigen Gottesmann begegnete ich in meinem langen Leben. Einer von ihnen war *Dr. Rudolf Alexander Schröder*, der 1878 in Bremen geboren wurde und im Jahre 1962 in Bad Wiessee heimging. Er war Schriftsteller, Architekt, Maler, Übersetzer, Verleger und Dichter. Die Wende seines Lebens erfuhr er mit 40 Jahren durch den neutestamentlichen Osterbericht.

„Ich begriff, was *Sünde* und was *Erlösung* ist", so bekannte er.

Als Vikar lernte ich auf einer Freizeit in der Nähe von Stettin diesen Gottesmann kennen. Unvergessen ist mir der Satz: „Unser *Wissen* geht mit uns zu Grabe, unser *Glaube* aber geht mit uns zur Herrlichkeit."

Und wie sehr konnte dieser Mann die Treue Gottes preisen: „Wer kann der Treu vergessen, die du an uns getan; der Gaben unermessen, die wir von dir empfah'n."

In großer Demut und mit einem gottergebenen Herzen pries dieser tapfere Bekenner unseren Herrn Jesus Christus, der – wie er sagte – eine Freude schenkt, die kein Wasser der Trübsal auszulöschen vermag.

Ich bettle im Herbst 1945 um Brot

Die letzte Station unserer Kriegsgefangenschaft war Bad Aibling, ein schreckliches Lager. Nach zwei Tagen mußten wir einen Lastkraftwagen besteigen und fuhren in rasantem Tempo durch Städte und Dörfer. Insgesamt waren wir 15 Mann. Wir kannten uns nicht, doch wir bildeten sehr schnell eine Schicksalsgemeinschaft. „Werden wir unsere Angehörigen finden, sie lebend wiedersehen?" so fragten wir uns.

Die zum Teil zerstörten Städte und Dörfer, durch die wir fuhren, waren uns Nichtbayern unbekannt. Es gab auch kaum Ortsschilder.

Nach knapp zwei Stunden fuhren wir über einen breiten Fluß, kamen in eine größere Stadt und bekamen den Befehl, den LKW zu verlassen. Wir waren „frei".

„Hallo, Herr Nachbar! Wie heißt denn diese Stadt?" – „Das ist Deggendorf!"

Einer der Kameraden drohte vor Schwäche zusammenzubrechen, ein anderer weinte.

„Was machen wir nun?"

„Ich habe furchtbaren Hunger!" „Ich auch!" „Ich auch!" Keiner von uns hatte Brotmarken und Geld. „Wie kommen wir zu Brot?"

„Dort drüben ist eine Bäckerei. Wer geht ins Geschäft, um für uns Nahrung zu erbetteln?" Alle zeigten auf mich: „Tu du es, bitte!" – *„In Gottes Namen!"*

Wir gingen auf den Laden zu. Das große Schaufenster ließ uns einen Blick ins Ladeninnere werfen. Brot oder andere Lebensmittel sahen wir nicht.

Beim Öffnen der Tür erklang über mir ein Glockenspiel: C-E-G-C; beim Schließen der Tür waren die Töne in entgegengesetzter Reihenfolge zu hören.

Ich wartete. Nach ca. 20 Sekunden erschien die Bäckermeistersfrau mit weißer Schürze, und – was mir viel wichtiger war – mit freundlichem Gesicht. „Was wünschen Sie?“

„Entschuldigen Sie bitte. Wir sind 15 Mann, sind gerade aus der Gefangenschaft entlassen worden, haben kein Zuhause, besitzen keinen Pfennig und bitten um ein Stück Brot. Schauen Sie: Da draußen stehen meine Kameraden!“ Sie drückten sich am Schaufenster die Nase platt, um alles mitzubekommen.

Die liebe Frau verließ für wenige Augenblicke das Geschäft und kam mit einem *großen* Brot wieder, das sie mir in die Hand drückte.

Ich raste zur Tür, kehrte wieder um, um mich zu bedanken und dem ganzen Haus Gottes Heil und Segen für alle Zukunft zu wünschen, und teilte anschließend das Brot aus. Die Freude und der Dank von uns allen läßt sich nicht beschreiben.

Kurze Zeit darauf schenkte mir Gott ein Wiedersehen mit meinen Lieben.

Der Streuselkuchen

Welch eine gesegnete Zeit war die in äußerer Armut verbrachte Zeit im Bayerischen Wald nach dem Zweiten Weltkrieg. Wie begierig waren wir Vertriebenen nach dem Wort Gottes, und wie sehr freuten wir uns in den acht Jahren an der Gemeinschaft.

Zu den vielen treuen Gemeindegliedern unseres großen Pfarrbezirks gehörten auch der Vater, die Mutter und die 14 Kinder der schlesischen Familie Sch. Sie hausten zusammen in einer großen Stube. Nur die Eltern hatten einen Stuhl.

Man schlief auf dem Fußboden. Es war schwierig, den Hunger der gesunden Kinder mit den wenigen Lebensmitteln, die es nur auf Lebensmittelmarken gab, zu stillen. Doch Gott half wunderbar. Oft schlachtete man einen geschenkten Hund und aß das Fleisch, ohne Schaden zu nehmen.

Und dann kam die Hochzeit der ältesten Tochter. Man feierte sie am Nachmittag ganz schlicht und ohne Alkohol in einem Nebenzimmer der kleinen Dorfgaststätte. Es gab „Blümchenkaffee“ und „Sträselkucha“, eine bei Schlesiern besonders beliebte Kuchensorte. Links von mir saß die Braut, rechts von mir eine Frau aus der betreffenden Gemeinde. Diese Frau – sie hätte es nicht tun sollen – flüsterte mir ins Ohr:

„Herr Pfarrer! Für die Krümel auf dem Streuselkuchen, der gleich aufgetragen wird, ist Hundefett verwendet worden.“

Mir verschlug’s den Appetit, obwohl ich im Krieg schon mal ’ne Katze gegessen hatte.

Als die Brautmutter kurz nach diesem Gespräch mit einem großen Teller „Sträselkucha“ zu mir kam und mich bat, kräftig zuzulangen, nahm ich mir das kleinste Stück, das ich entdecken konnte.

„Aber lieber Herr Pfarrer! Bitte seien Sie doch nicht so

bescheiden. Ich weiß doch, daß auch Sie sehr gern Streuselkuchen essen.“

Und schon legte sie mir drei Stück des Kuchens auf meinen Teller.

Ich aß! Mir schien der Kuchen nach Hund zu riechen. Doch plötzlich war ich, *Gott sei Dank*, frei von allen Hemmungen und aß fröhlich und dankbar mit allen anderen den seltsamen Hochzeitskuchen.

Beste Salzheringe

Wenige Tage nach dieser Hochzeit erhielt ich von einer Rundfunkstation Süddeutschlands die Anfrage, ob ich bereit wäre, einen Bericht über unser „wunderbares Gemeinschaftsleben", von dem man gehört habe, zu verfassen. An einem Samstagmorgen wurde der Bericht ausgestrahlt. Nur EINEM sollte die Ehre gegeben werden, dem Herrn Jesus Christus. Diese Sendung fand ein großes Echo. Viele Hörerzuschriften erreichten uns. Unsere Gemeinde bekam aus mehreren Ländern Bekleidungs- und Lebensmittelpakete. Welch eine Hilfe für die vielen Notleidenden! Tränen des Dankes und der Freude wurden geweint.

Sechs Wochen nach der Sendung teilte mir der Bahnhofsvorsteher mit, daß 200 Zentner beste Salzheringe – von schwedischen Christen geschickt – in einem Güterwaggon auf dem Bahnhof für uns zum Abholen bereitstünden.

„Die ganze Angelegenheit hat nur *einen* Haken; den Schweden war es aufgrund gesetzlicher Vorschriften nicht möglich, die Transportkosten auf *deutschem* Gebiet zu zahlen. Diese Kosten müssen Sie, lieber Herr Pfarrer, übernehmen."

Wo nehme ich das Geld her, so fragte ich mich. Nach 10 Minuten setzte ich mich mit dem zuständigen Dekan in Verbindung, der freundlicherweise sofort bereit war, uns aus seiner Dekanatskasse das Geld zu leihen. Er bekam dafür fünf Fässer Heringe für seine Armen.

Und dann kamen *unsere* Armen aus allen Himmelsrichtungen mit geborgten Handwagen und holten die Heringe ab. Der ganze riesengroße Pfarrbezirk pries den Herrn, daß wir auf so wunderbare Art und Weise den Sonnenschein seiner Güte in reichstem Maß erleben durften. Außerdem erfüllte uns eine starke Freude über die liebevolle Zuwendung gerade auch der schwedischen Glaubensgeschwister.

Durch Spenden, die während der Verteilung der Heringe eingingen, kam das geborgte Geld schnell zusammen, zumal uns auch die Rundfunkanstalt 40,-- Mark für den ausgestrahlten Bericht übersandte.

Eine Fülle von weiteren Segnungen hielt Gott – *besonders durch sein Wort* – für uns noch bereit.

Zwei Menschengruppen

Es ist – gelinde gesagt – eine Katastrophe, wenn wir Christen ständig mit einer griesgrämigen Miene durchs Leben ziehen, als seien wir auf dem Weg zum Zahnarzt oder als sei uns gerade ein Zahn gezogen worden. – Es ist schlimm, wenn wir so oft den Beleidigten spielen und täglich unsere Zunge in unheiliger Weise benutzen, wenn wir außerdem unaufrichtig, unfreundlich und lieblos unsere Tage verbringen, wenn wir am laufenden Band den berühmten Tritt ins Fettnäpfchen vollziehen, wenn wir nicht fähig sind, den Mächten des Bösen Widerstand zu leisten und ohne Unterlaß das „Fingerhakeln“ und „Wadenbeißen“ trainieren. Ich meine, daß freudlose Christen die Christusbotschaft unglaubwürdig machen.

Völlig anders ist es, Christenmenschen zu begegnen, die uns durch ihre vorbildliche Art erquicken, die manchen Knoten im Leben des andern lösen helfen, die uns in Anfechtungszeiten eine Hilfe sind, und die in der Kraft des Heiligen Geistes aufrichtig, wahrhaftig und frei von Launen ihrer Umgebung Freude bereiten.

Ich kannte und kenne etliche Menschen, die zu dieser zweiten Gruppe gehören. Einer von ihnen sagte mir:

„Eine Frömmigkeit, die nicht zur *Freude* durchdringt, ist krank; und vor dieser Krankheit möge mich der Herr bewahren.“

Frau Freundlichkeit

In der Ecke eines Bahnabteils sitzen ein paar Jungen, ein paar richtige pfiffige Buben. Sie sind auf der Heimfahrt vom Schulort und kichern um die Wette. Auf einer größeren Station hält der Zug etwas länger. Die Buben beschließen, jedem Neueintretenden jeweils nach seinem Gesichtsausdruck einen Namen zu geben.

Schon öffnet sich die Wagentür und ein Fräulein, gepudert und geschminkt, betritt das Abteil. Sie stecken die Köpfe zusammen und stellen fest: „Das ist *Fräulein Wellensittich*!"

Jetzt kommt ein Mann mit einem athletischen Habitus. Er schaut bitterböse von rechts nach links und von links nach rechts. Die Buben erkennen, „mit dem ist nicht gut Kirschen essen". Sie sind etwas eingeschüchtert – doch nur einen Augenblick. Schon stecken sie wieder die Köpfe zusammen. „Das ist *Herr Griesgram*!" Der Kleinste von ihnen, ein Bursche mit einer Stupsnase, schüttelt sich vor Lachen und pufft dabei seinem Nebenmann wiederholt herzhaft in die Seite.

„Das ist *Herr Rücksichtslos*!" rufen sie wie aus einem Munde, fast etwas zu laut, als ein Neuankömmling gleich zwei Plätze für sich und seine Koffer belegt.

Doch jetzt kommt eine Frau. Es ist eine gute Frau. Ich kenne sie und ihr beispielhaftes Wesen, denn sie hat mir in meiner Gemeinde jahrelang treu geholfen. Sie grüßt mit lächelnder Miene nach allen Seiten und ist erfreut, daß für sie noch ein Sitzplatz vorhanden ist. Sie öffnet das Fenster und gibt einem Kind, das man ihr reicht, einen herzhaften Abschiedskuß. Die Jungen werden still, bis plötzlich der Längste von ihnen sich nach vorne beugt und den andern zuflüstert: „Das ist *Frau Freundlichkeit*!"

Hochmut kommt vor dem Fall

Ein paar Jahre nach dem Zweiten Weltkrieg wollten wir uns in einer süddeutschen Stadt bei einem Fotografen ein Familienbild leisten, um unserer Verwandtschaft eine Freude zu machen.

Fröhlich zogen meine Frau, meine beiden Söhne und ich los, nachdem wir – soweit vorhanden – unsere ansehnlichsten Gewänder angezogen hatten.

Wie enttäuscht waren wir, als wir hörten, daß der Fotograf erkrankt sei und seinen Dienst erst in vier Wochen wieder aufnehmen könne.

Doch der junge Mann, der uns vor dem Atelier begrüßte, sagte: „Wenn es Ihnen nichts ausmacht, fotografiere ich Sie – ich mach's bestimmt genauso gut wie der Chef."

Und dann saßen wir vier nebeneinander auf der Bank und stellten uns in Positur. Nachdem wir ein freundliches Gesicht aufgesetzt hatten, flammte das Blitzlicht auf.

„Ob Sie noch eine *zweite* Aufnahme machen sollten, wenn die erste ...!"

Der junge Mann unterbrach mich: „Das ist nicht nötig! Ich rufe Sie an, sobald die Bilder fertig sind. Das dürfte in drei Tagen sein."

Wir warteten drei Tage; wir warteten acht Tage, 14 Tage, ja drei Wochen. Dann rief *ich* an. Der junge Mann war am Telefon.

„Hier ist Carqueville. Ich wollte nur mal fragen, ob die Bilder fertig sind!"

„Ach, Herr Pfarrer! Ent ... ent ... entschuldigen Sie bitte vielmals; mir ist es ja so pei ... pei ... peinlich!"

„Ja, warum stottern Sie denn? Das ist doch gar nicht Ihre Art, wie wir vor drei Wochen feststellten. Raus mit der Sprache; ich bin auf alles gefaßt."

„Der Apparat muß schie ... schie ... schief gestanden haben. Lei ... lei ... leider ist die Aufnahme nicht ganz gelungen; denn auf dem Bilde fe . . . fe . . . fehlen Ihre vier Köpfe; die sind nicht draufgekommen."

Als ich den jungen Mann auf seine anfängliche Selbstsicherheit hinwies, ihm aber auch mutmachend für seine weitere Berufsausbildung Gottes Segen wünschte, sprach er wieder ganz normal.

Nur nicht locker lassen

In den fünfziger Jahren – ich war schon auf der „Hensoltshöhe“ in Mittelfranken – berichtete mir ein Bekannter während einer Bibelwoche von einem Mann, der sich von seiner Frau scheiden lassen wollte.

„*Den* muß ich gleich morgen vormittag besuchen!“

Solche Besuche, auf die Gott seinen besonderen Segen legte, machte ich immer wieder, wenn ich von Eheschwierigkeiten hörte.

Wie ich am nächsten Tage erfuhr, ging der Bekannte, der mir von der Ehenot erzählte, ohne mein Wissen sofort nach unserem Gespräch zu dem lieben Mann hin und sagte:

„Paß auf! Morgen vormittag kommt der Pfarrer zu dir, der zur Zeit in unserem Ort die Bibelwoche hält, um dir anständig die Leviten zu lesen!“

Als ich am nächsten Tag auf das Haus in einer verkehrsarmen Straße zuging, sah ich einen großen Hund – die Rasse konnte ich nicht ausmachen – im Vorgarten, der einen äußerst gefährlichen Eindruck machte und wie wild bellte und rumsprang, als ich ein wenig das Gartentor zu öffnen versuchte.

Was mache ich nun?, so fragte ich mich. Zurück gehe ich auf keinen Fall; denn Gott selbst hat mich hierhergesandt.

Ich versuchte, mit dem Hund ins Gespräch zu kommen. Manch gutes Wort sagte ich ihm. Der Bonbontüte, die für ein Kind bestimmt war, entnahm ich ein Bonbon und warf es über den Zaun. Der Hund beschnupperte nur kurz das Bonbon und versuchte anschließend in großem Zorn und mit mächtigen Sätzen über den Zaun zu springen, was ihm jedoch nicht gelang.

Ich blieb, redete auf den Hund weiterhin freundlich ein und versuchte nach über einer Stunde, als er sich zu beruhigen schien, erneut das Tor zu öffnen. Der Hund ließ es zu, begrüßte mich sogar mit Wedeln des Schwanzes und schmiegte sich an mein linkes Bein. Ängstlich tastete ich mich, von dem Hund begleitet, vorwärts und betätigte die Hausklingel. Der Mann, den ich besuchen wollte – wir kannten uns bislang nicht – öffnete die Haustür und sagte mit freundlicher Stimme:

„Ich nehme an, Sie sind der Pfarrer, der zur Zeit im Ort die Bibelwoche hält. Eineinhalb Stunden habe ich Sie hinter den Gardinen beobachtet. Alle Hochachtung! Kommen Sie rein; ich bin zu einem Gespräch bereit."

Und dann sprachen wir miteinander. Der Herr aber war in unserer Mitte und führte die Eheleute wieder zusammen.

Herr Professor M.

Mit Mathematik tat ich mich, ganz im Gegensatz zu meinem älteren Bruder, der in derselben Klasse zu den besten Mathematikern gehörte, in den letzten drei Jahren vor dem Abitur ein bißchen schwer, zumal mir merkwürdigerweise der Mathematikprofessor ständig Furcht einflößte. Er war ein hochgewachsener Mann mit einer überhohen Stirn, ernsten Gesichtszügen und kleinen Händen. Außerdem hatte er eine besondere Eigenschaft, die wir als junge Leute ständig beobachteten und unseren Spaß daran hatten: Spätestens nach zwei Minuten versuchte er mit der Außenseite des rechten Zeigefingers den linken Mundwinkel auszuwischen, obwohl gar nichts auszuwischen war. Nach dem Abitur im Jahre 1932 verloren wir uns aus den Augen. Doch immer wieder dachte ich in den folgenden Jahrzehnten an den lieben Mann, ja träumte sogar von ihm.

Und dann kam der 28. Mai 1961. Ich bin auf der Fahrt zum Dienst, habe in Bamberg Aufenthalt und genehmige mir im Bahnhofsrestaurant ein Glas Tee. Während ich an meinem Tisch sitze und mich am Tee erfreue, sehe ich an einem der Nachbartische einen Mann, der dem Herrn Professor M. sehr ähnlich sieht. Die Kopfform ist dieselbe, das ernste Gesicht und die kleinen Hände; das könnte er sein, so denke ich bei mir. Nun fehlt nur noch, daß er mit dem rechten Zeigefinger zum linken Mundwinkel fährt. Und tatsächlich, er tut es. Ich bin mir meiner Sache sicher, stehe auf, gehe auf ihn zu und sage:

„Entschuldigen Sie bitte. Sind Sie Herr Professor M.?"

„Ja, das bin ich. Und wer sind Sie?"

„Mein Name ist Carqueville."

„Was, Carqueville? Da hatten wir doch vor dem Dritten Reich zwei Brüder mit diesem Namen auf unserem Gymnasium!"

„Ja, ich bin *einer* davon!"

Ach, wie groß war die Freude dieses Mannes, der inzwischen ein Alter von 81 Jahren erreicht hatte, mich zu sehen. Und wie sehr freute auch ich mich. Er bat mich, ihn bald mal zu besuchen. Und was war das für eine herzliche Verabschiedung. Mit den besten Segenswünschen gingen wir auseinander. Ich fragte mich anschließend, warum ich als junger Mann vor diesem lieben Professor solche Furcht hatte, und tat Buße, weil ich ihm durch meine Einstellung Unrecht getan hatte. Geträumt aber habe ich nie mehr von ihm, sondern denke noch heute dankbar an ihn zurück.

Liebe – der Prüfstein für die Echtheit unseres Glaubens

Sie war einer der gläubigsten Menschen, die ich kannte, die liebe, alte, inzwischen heimgegangene Frau, die ihre Bekehrung erst mit über 60 Jahren erlebte, dann aber dem Herrn mit ganzer Hingabe zur Verfügung stand. Äußerlich war sie nicht begütert und wohnte in einem Hinterhof, innerlich aber wurde sie immer reicher.

Sie freute sich, ein Kind Gottes sein zu dürfen, und war ein im Glauben *gesundes* Gotteskind, weil es ihr an göttlicher Nahrung und Himmelsluft nicht fehlte.

Immer gewisser wurde sie ihres Gnadenstandes. Sie glich einem Baum mit vielen guten Früchten. Die schönste Frucht, die an ihr festzustellen war, war die Liebe. Was sie empfing, gab sie weiter. Viele Freudentränen sah ich in ihren Augen. Sie wußte, daß die Nähe Christi die Fesseln der Freudlosigkeit sprengt.

Der große Knall

Wie nahe war uns vor Jahren unser himmlischer Herr während einer Evangelisation in der Gabelsberger Straße in Nürnberg – eine Blaukreuzstation mit Schwester Babette. Nachmittags um 15.00 Uhr kamen viele Menschen zur Bibelstunde und abends um 20.00 Uhr noch mehr zur Evangelisationsstunde. In den Zwischenzeiten gab es pausenlos „Aussprachen" und Beichtgespräche mit befreienden Lobgesängen.

Eines Vormittags gegen 10.30 Uhr erschien ein sehr gut deutsch sprechender Südamerikaner – ein Chilene – mit zwei großen, schweren Koffern und wollte mich dringend sprechen. In den Koffern hatte er, wie sich nachher herausstellte, eine Eigenerfindung, eine ganz besondere Kindereisenbahn „mit beispielloser Antriebskraft", die er mir unbedingt vorführen wollte. Von irgend jemandem hatte er erfahren, daß ich in einer Spielzeugstadt nahe der DDR-Grenze mit einem Glaubensbruder sehr verbunden sei, der als leitender Mann in einer großen Spielwarenfabrik tätig war. Der Chilene hoffte, ich würde für ihn bei diesem Glaubensbruder ein gutes Wort einlegen, damit seine Erfindung angenommen werde.

Kurz nachdem wir das Aussprachezimmer betreten hatten, packte er aus. Ich konnte es absolut nicht verhindern, zumal der Chilene ununterbrochen am reden war. In kurzer Zeit war dreiviertel des geräumigen Zimmers mit Schienen belegt, auf denen er dann die Lokomotive, die Personen- und die Güterwagen in Stellung brachte, um anschließend alles an einen großen Motor anzuschließen.

„Sagen Sie bitte", so fragte ich, „wo haben Sie denn Ihr linkes Auge verloren?"

„Das ist noch gar nicht lange her. Der Motor dieser Eisenbahn war nämlich beim Experimentieren in die Luft geflogen, und ein Teil hatte mein Auge getroffen. Aber keine Angst; ich habe den Apparat inzwischen gründlich repariert."

Und dann kam der große Augenblick, da der Chilene den Motor anwarf. Zunächst ging alles gut. Die Eisenbahn fuhr tadellos. Ich dachte an meine Kindheit. Was wäre das schön gewesen, wenn damals solch eine Bahn mein Eigentum gewesen wäre.

In meine Überlegungen hinein gab es plötzlich einen *furchtbaren Knall.* Blitzschnell wandte ich mich zur Seite, sonst wäre mir die Lokomotive an den Kopf geflogen! Das Schienengestränge traf eine elektrische Birne an der Zimmerdecke. Und der Chilene wurde von einem Güterwagen leicht am Kinn verletzt.

Im selben Augenblick öffnete sich die Tür. Totenbleich stand unsere liebe Schwester Babette im Türrahmen und rief:

„Herr Pfarrer! Leben Sie noch?" Sie meinte, der Chilene habe mich erschossen.

Ihre Freude war groß, als sie mich im Qualm erkannte und feststellte, daß nichts Ernstliches passiert war. Anschließend verarztete sie, nachdem wir die Fenster aufgerissen hatten, den Chilenen und lud uns zum Mittagessen ein, das wir mit Dankgebeten begannen. Der Chilene aber entschuldigte sich immer wieder, kam nun regelmäßig in die „Stunden", wollte jedoch von seiner „Erfindung" nichts mehr wissen.

Das Portemonnaie

An einem Julitag des Jahres 1964 beobachteten wir im Urlaub von unserem Quartier aus zwei Italiener, die in ihrer Freizeit zu mancherlei Späßen aufgelegt waren. Unter anderem banden sie ein leeres Portemonnaie an einen dünnen Faden, behielten denselben in der Hand, legten die Geldbörse auf den Bürgersteig und sich selbst ins Buschwerk eines Vorgartens.

Sie lagen nicht lange dort, da kam eine Dame, sah das Geldtäschchen, schaute auffallend ängstlich nach rechts und links, nach vorne und nach hinten und bückte sich, nachdem sie keinen Menschen in ihrer Nähe vermutete, in affenartiger Geschwindigkeit, um sich das Portemonnaie anzueignen. Doch im selben Augenblick zogen die beiden Italiener mit großem Gelächter die Geldbörse in den Garten, während die Dame im Eilschritt davonlief. – Peinlich! Peinlich! Aber vielleicht war das für sie eine Lehre für die Zukunft.

Der geizige König

Viele Familien reisten mit ihren Kindern im August 1964 an, um sich in Hutschdorf bei Kulmbach durch das Wort Gottes beschenken zu lassen. Wir erkannten erneut, daß Gottes Wort keine Materialsammlung für Diskussionen, sondern *das* Brot des Lebens ist, und daß es außerdem die einzige Waffe ist, um einer dämonisierten Welt entgegentreten zu können.

An einem Nachmittag machten wir eine Omnibusfahrt ins Fichtelgebirge, sahen das schöne *Bad Berneck*, staunten über den höchsten Berg des Fichtelgebirges, den *Schneeberg* (1051 m), freuten uns über den *Ochsenkopf* (1024 m) und rasteten am herrlichen *Fichtelsee*. Immer wieder sangen wir unsere wunderbaren Jesuslieder.

An einem weiteren Nachmittag luden uns die Kinder, die von unseren Schwestern betreut wurden, zu zwei fröhlichen Stunden auf der nahegelegenen Wiese ein. Köstlich war all das, was sie uns boten. Unter anderem führten sie ein Märchenspiel auf. Staunend beobachteten wir den Einzug des Königs, der Königin und der ganzen Hofgesellschaft.

Mein Nachbar auf der Bank – ein vierjähriger Junge – sprang vor Freude hoch, als er trotz Kostümierung einen der Prinzen als seinen zwei Jahre älteren Bruder erkannte.

Und dann wurde das an und für sich fröhliche Spiel sehr traurig. Der König entpuppte sich nämlich als Geizhals, der nichts für seine Untertanen übrig hatte. Eine alte Frau – glänzend dargestellt von einem verkleideten jungen Mädchen – erschien vor ihm und bat flehentlich um Brot:

„Ich bin sooo arm!" rief die „Alte"; „es ist sooo kalt! Mein Hunger ist sooo groß! Bitte, gib mir was zu essen."

„Kommt nicht in Frage!" schrie der König.

Als die „Alte" fast am Zusammenbrechen war, begann mein kleiner vierjähriger Freund in tiefem Mitgefühl bitterlich und hörbar zu weinen. Ich versuchte, ihn durch Streicheln des Kopfes und durch guten Zuspruch zu trösten. Doch vergeblich!

Plötzlich griff der Junge in seine Hosentasche, rannte zu der armen „Alten“ hin und drückte ihr fünf Bonbons in die Hand. Dann kam er strahlend, sich die Tränen abwischend auf seinen Platz zurück, schaute mich immer wieder an und freute sich, wenn ich seinen Kopf streichelte und ihm anerkennend zunickte.

„Willst du auch ein Bonbon?“ fragte er mich.

„Ja, gern! – Danke!“

Ein kurzer Aufsatz

In einer bundesrepublikanischen Schule behandelte eine mir bekannte Religionslehrerin über Wochen die Reformationsgeschichte. Einige Ereignisse versuchte sie den Jugendlichen besonders nahezubringen, so den Anschlag der 95 Thesen an die Schloßkirche zu Wittenberg am 31. Oktober 1517 durch Martin Luther, den Reichstag zu Worms und den Reichstag zu Augsburg. Schließlich mußten die Jugendlichen einen Klassenaufsatz über das Thema „Reformation" schreiben. Einige boten mehr oder weniger Erfreuliches. Doch ein junges Mädchen schrieb nur *einen* Satz; mehr bekam es nicht zusammen. Der Satz lautete:

„In Württemberg hat Luther auf der Wartburg Plakate angeklebt."

Die Religionslehrerin wußte im ersten Augenblick nicht, ob sie *lachen* oder *weinen* sollte.

Mensch, ärgere dich nicht

Das ist ein Unterhaltungsspiel, das nicht selten Jungen und Alten Ärger bereitet. In meiner Kindheit hatte ich einen Spielkameraden, der jedesmal heulend das Zimmer verließ, wenn er bei diesem Spiel verlor.

Ich meine, wir stehen bis ans Lebensende in der Gefahr, uns sogar über Kleinigkeiten zu ärgern, wenn uns unser Herr nicht beisteht.

Es ist etwas anderes, ob ich über manche Entwicklungen betrübt bin oder ob ich mich *ärgere.*

Es gibt Menschen, die sich *grün* oder *schwarz* oder *krank* ärgern; andere ärgern sich sogar tot.

Sie ärgern sich, wenn der 1. Mai auf einen *Sonntag* fällt. Sie ärgern sich über einen Fleck in der Tischdecke und über Fritzchens schlechte Schularbeit und über die Bahnschranke, die auf der Fahrt in den wohlverdienten Feierabend unten ist.

Manche ärgern sich über das, was in der Zeitung steht, oder über den Ausgang einer Wahl. Andere ärgern sich über das Wetter oder weil sie sich zurückgesetzt fühlen. Manche sind das ganze Leben über ärgerlich – auch über Jesus (Matth. 11,6), der allein fähig ist, uns zu helfen, um auch von dieser Not frei und damit froh zu werden.

Wie sehr hat sich ein junger Mann geärgert, als ihm der Fahrradschlauch platzte.

Einer Frau ist die kochende Milch übergelaufen; tagelang ärgerte sie sich.

Ich kannte einen Mann, der sogar das Singen der Vögel und das Lachen der Kinder als persönliche Belästigung empfand und sich maßlos ärgerte.

Wochenlang hat sich ein Gartenbesitzer geärgert, dem die Gänse des Nachbarn im eigenen Garten einige Salatblätter aufgefressen hatten. Ja, es wäre zum Prozeß gekommen, wenn der erregte Mann nicht zur Vernunft gemahnt worden wäre.

Schließlich gibt es Leute, die sich ärgern, wenn sie keinen Grund finden, sich zu ärgern.

Pfarrer Theophil Krawielitzki († 1942) sagte einmal: „Wenn ich mich ärgere, wird's immer ärger; denn der Ärger ist vom Argen." Das Leben mancher Menschen wird durchs Ärgern um fünf und mehr Jahre verkürzt.

Damenringkampf im Hinterhof

Der „Ringkampf" begann in einer Großstadt zwischen zwei Hausfrauen in dem Augenblick, als die eine meinte, unbedingt ihre Teppiche klopfen zu müssen, nachdem kurz vorher die andere ihre Wäsche im selben Hinterhof zum Trocknen aufgehängt hatte. Nach knapp zehn Minuten schleppte sich die Teppichbesitzerin angeschlagen in ihre Wohnung, während die Wäschebesitzerin mit geschlossenem Auge zum Arzt und anschließend zum Rechtsanwalt lief.

Ein ähnlicher „Ringkampf" fand einmal zwischen zwei Autobesitzern statt. Man stritt sich um einen Parkplatz, den beide für sich beanspruchten. Der eine verließ den Kampfplatz mit einer Platzwunde an der Stirn, der andere mit einer zerrissenen Hose.

Nur Jesus bewahrt uns davor, die Waffe der Wiedervergeltung zu erheben, und befähigt uns zu vergeben. Nur Jesus!

In Hintertupfingen

Irgendwo in Deutschland soll es ein Dorf mit dem Namen *Hintertupfingen* gegeben haben. Ich meine, es ist ein erdachtes Dorf. In diesem nicht allzugroßen Ort wohnten – so wird erzählt – u. a. *Familie Pimpelhuber, Familie Gartenzwerg, Familie Gernegroß und Familie Gänseklein.* Außerdem lebte *Herr Giftzahn*, ein Junggeselle, in Hintertupfingen sowie *der Junge Mäxchen Pumpe*, den seine Großmutter mütterlicherseits, *die Witwe Schlaumeier, geb. Schluckauf* aus besonderen Gründen aufzog.

Die meisten Menschen in Hintertupfingen hatten nicht fünf, sondern sechs Sinne. Dieser 6. Sinn war der Eigensinn.

Ständig übte man in dem kleinen Dorf die schwierigste aller Sportarten, nämlich den anderen auf den Arm zu nehmen.

Gleich einem empfindlichen Wetterglas zeigte das Gesicht von *Frau Pimpelhuber* und ihrer Tochter *Lieschen* an, daß etwas in ihrem Innern nicht in Ordnung war. Sie meinten dann, die ganze Familie, ja die ganze Welt hätte sich gegen sie verschworen.

Und *Frau Gänseklein* applaudierte ununterbrochen sich selbst und nahm irrtümlicherweise an, all das, was sie auf dem Markt des Lebens anbiete, trüge die Güteklasse eins. Allem voran merkten die eigenen Angehörigen diesen Irrtum.

Ganz ähnlich war es bei *Herrn Gernegroß* und seinem ältesten Sohn, die sich ständig um sich selbst drehten und zu „Brummkreiseln" wurden, unter denen das ganze Haus litt.

Herr Gartenzwerg hatte mehr Sorgen als Haare auf dem Kopf. Ihm lagen zum Leidwesen seiner Frau die tragischen Mollklänge mehr als das heitere Dur.

Der Dollarkurs war *Herrn Giftzahn* wichtiger als der

Glaube an Jesus. Konstant weigerte er sich, die Zügel des Lebens in Gottes Hand zu legen.

Beinahe hätte ich *Herrn Pappenstiel* vergessen; den gab's ja auch noch in Hintertupfingen. Sein Wahlspruch lautete: „In meinem Hause kann jeder *das* tun, was ... *ich will.*"

Nur *Mäxchen Pumpe* und seine Großmutter, *Frau Schlaumeier*, freuten sich des Lebens. Sie waren die einzigen, die fast jeden Sonntag im Nachbardorf unter Gottes Wort gingen.

Ein seltenes Quartett

Am vierten Tag der Evangelisation ist der große Gasthaussaal in einer kleinen Stadt Mittelfrankens voll bis auf den letzten Platz. Die Gemeinschaftsschwester fragt mich:

„Herr Pfarrer, was meinen Sie; ob wir nicht einen kleinen Chor ins Leben rufen könnten, der abends singt?"

„Einverstanden, Schwester Anna!"

Die kleine Schwester ist bereit, die Sopranstimme zu übernehmen. Eine sehr stattliche Frau, die aus der Batschka umgesiedelt worden war, übernimmt die Altstimme, ich die Baßstimme, und ein schmächtiger Pfarrer von über 80 Jahren will auf dem Harmonium die Tenorstimme spielen.

„Müssen wir nicht mal üben?", fragte ich.

„Das ist nicht nötig; wir singen doch vom Blatt!" sagt Schwester Anna.

Und dann kommt der Evangelisationsabend. Wir beabsichtigen, das Lied „Jesus, meine Sonne in der dunklen Nacht ..." zu singen und besteigen die Bühne. Alles ist gespannt, was jetzt kommt. Wir singen:

„Jesus, meine Sonne in der dunklen Nacht"

Bis jetzt ging alles gut. Doch bei dem Ton, der nun kommt, steigt unsere Sopranistin um zwei Töne höher und hält diese Höhe. Bei der zweiten Strophe steigt sie an derselben Stelle wieder um zwei Töne und so fort. Jeder kann sich vorstellen, wie sie die letzte, die *siebente* Strophe zu meistern versuchte.

Die Batschka-Deutsche hält tapfer ihre Stimme. Der alte Pfarrer neigt sein linkes Ohr auf die Tasten und meint, das Harmonium sei defekt. Und ich versuche mit kaltem Schweiß auf der Stirn durch sehr kräftigen Gesang die Disharmonien zu übertönen.

Das war ein Quartett!

Als ich am Ende des Abends von der Bühne in den Saal gehe, tritt eine Frau auf mich zu und sagt:

„Ihr habt ja *so* schön gesungen; bitte, singt morgen wieder!“

Wir taten es.

Auch diese Schwester hieß Anna

Sie arbeitete – zusammen mit mehreren Schwestern – in einem Altersheim einer niederbayerischen Kreisstadt. Unsere liebe Hausmutter und ich besuchten *sie* und ihre *Mitschwestern.* Wir freuten uns der Gemeinschaft und priesen gemeinsam den Herrn. Schwester Anna – sie war die Oberschwester des Altersheimes – zeigte uns am Spätnachmittag das ganze Haus und wurde etwas traurig, als wir auf den grünlichen Kanarienvogel stießen, der – wie sie uns erzählte – schon zwei Jahre nicht mehr singen wollte. Da ich mehrere Vogelstimmen – auch die Stimme eines Kanarienvogels – imitieren kann, versuchte ich dem wunderschönen Vogel etwas vorzutrillern. Gespannt hörte er zu und wandte das Köpfchen mal nach rechts und mal nach links. Dann sprang er in sein kleines Bad und hörte anschließend meinem Trillern wieder gespannt zu.

Eine Stunde später saßen wir im selben Raum zum Abendessen beisammen. Gerade hatte ich ein Stück Brot in den Mund gesteckt, da hörten wir ein wundervolles Trillern. Alles schaute mich an, weil man meinte, das Trillern komme von mir. Aber es war der Kanarienvogel, der zu unser aller Erstaunen die herrlichsten Lieder pfiff.

„Schwestern!“, so rief Schwester Anna, „freut euch mit mir; der Vogel singt wieder.“

Übrigens war es nicht der letzte stumme Vogel, den ich zum Singen animierte.

Bleibende Freude

Bei einer Evangelisation in Oberfranken bot ich jedem Besucher 1000,-- Mark, der mir nachweisen könne, daß der Mensch auch *ohne* Jesus *bleibende* Freude haben könnte.

Am nächsten Vormittag kam ein Mann in den besten Jahren und sagte:

„Herr Pfarrer! Gestern war ich in Ihrer Stunde, und heute hole ich mir die von Ihnen versprochenen 1000,-- Mark ab."

„Ich kann Ihnen", so antwortete ich, „heute nur 152,20 Mark geben, denn mehr habe ich nicht bei mir. Doch den Rest überweise ich Ihnen in den nächsten Monaten, wenn Sie mir bestätigen können, auch *ohne* Jesus *bleibende* Freude in sich zu haben."

Es dauerte nur zehn Minuten, dann bekannte der Mann:

„Mir stehen die 1000,-- Mark nicht zu; denn ich bin ein Trauerkloß ersten Ranges."

Wir ließen Gottes Wort, wir ließen Jesus zu uns sprechen, der eine Freude schenkt, die auch das Leid des irdischen Lebens nicht auszulöschen vermag. Wir sprachen von dem, der Sünder selig macht, und freuten uns nach einer Stunde gemeinsam an dem Ursprung aller wahren Freude, der Vergebung der Sünde.

Der Reporter

Ein Reporter, der noch auf der „Hensoltshöhe“ war, hatte die Absicht, mich für einen Artikel zu interviewen.

Bevor er in Richtung Gunzenhausen abfuhr, sagten seine Kollegen zu ihm:

„Was, du fährst auf die ‚Hensoltshöhe‘? Gib acht! Da mußt du nämlich an der Mutterhauspforte mindestens das Neue Testament als Ausweis vorzeigen, sonst lassen die dich gar nicht rein.“

Und dann kam er und erzählte mir strahlend die Vorgeschichte seines Besuches. Es ergab sich ein gutes Gespräch über Jesus, den Freudenmeister.

Niemals Urlaub

Schon von Schlesien her kannten wir den lieben alten Pfarrer, ein Vorbild für viele. Der Herr war sein Hirte. Er gab ihm die Kraft, sich auch aus den dunkelsten Stunden zu erheben und frohgemut durchs Leben zu pilgern. Dieser Gottesmann wußte, daß der Umgang mit der Heiligen Schrift Umgang mit dem Herrn selbst ist. Der Himmel war für ihn keine unzugängliche Sphäre, sondern das gelobte Land der Ewigkeit, dem er tapfer entgegenging. Und niemals – man höre und staune – hat er nach seiner Bekehrung Urlaub beantragt. Sein Sabbat war der *Montag*. Und diesen Sabbat brauchte er dringend in jeder Woche, um sich die Kräfte schenken zu lassen, die in den sechs Arbeitstagen verbraucht worden waren. Dieser Tag war ihm das helle Fenster, durch das er ein Stück Herrlichkeit sah. Um ganz mit seinem Gott verbunden sein zu können, mied er – wie auch an den Wochentagen – alle leichtfertigen Zerstreuungen, grub im Wort Gottes und freute sich an der Schöpfung.

Wenn er eine Gemeinde übernahm, dann sagte er den Gemeindegliedern gleich zu Dienstbeginn seinen Standpunkt, den man hundertprozentig anerkannte:

„Ich brauche den Montag, um bei euch gottgewollt arbeiten zu können. Respektiert das bitte! Aber holt mich auch am *Montag*, wenn etwas Dringendes vorliegt, wenn zum Beispiel ein Sterbender nach dem heiligen Abendmahl verlangt."

Der treue Pfarrer wurde über 90 Jahre alt, war kaum krank und fuhr noch mit 90 Jahren mit seinem Motorrad durch die Straßen Gunzenhausens.

Wahre Freundschaft

Echte Freundschaft, aufgebaut auf dem Fundament des Glaubens, ist etwas Herrliches. Wahre Freunde vertrauen einander, sie achten und schätzen sich. Einer tritt für den anderen in echter Bruderliebe ein, einer betet für den anderen. Auch in Notzeiten stehen sie fest zusammen. Jesus Sirach sagt: „Ein guter Freund ist nicht mit Geld und Gut zu bezahlen. Wohl dem, der einen treuen Freund hat."

Solch einen treuen, guten Freund lernte ich vor weit über 50 Jahren kennen. Unendlich viel Schönes erlebten wir gemeinsam. Aber er erlebte in der jahrelangen Kriegsgefangenschaft auch ungeheuer Schweres. Doch sein Herz blieb froh in Jesus. Das gilt auch für seine liebe Frau.

Gott sei gepriesen; denn diese Freundschaft bewährte sich durch die Jahrzehnte. Nie wurde sie getrübt, niemals konnte Satan sie erschüttern.

Doch wenn uns auch der beste Freund verläßt, uns allein lassen muß: Jesus bleibt uns als der Getreueste der Treuen nahe.

Eine großartige Epidemie

Vor einigen Jahrzehnten traten viele junge Mädchen eines Marktfleckens zwischen Nürnberg und Ansbach in unser Mutterhaus ein. Der damalige Bürgermeister des Ortes rief aus:

„Bei uns ist eine *Epidemie* ausgebrochen; die jungen Mädchen gehen alle auf die Hensoltshöhe!"

Als sich eines der Mädchen, das er gut kannte, bei ihm den Abmeldeschein holte, fragte er voll Erstaunen:

„Ja, hat es nun auch *Sie* erwischt?"

Wie sehr wünschten wir uns für *unsere* Zeit solch eine „Epidemie". Woran mag es liegen, daß sie ausbleibt? Fehlt uns die Fülle des Heiligen Geistes? Fehlt uns die heilige Entschiedenheit? Oder die Gebetskraft? Oder die reine Höhenluft der Gegenwart Gottes? Oder der klare Bruch mit der „Welt"? Oder das lodernde Feuer der Christenfreude, das alle Widerwärtigkeiten des Lebens verzehrt? Oder die Bereitschaft, die Heilsnachricht zur Rettung Verlorener und den „Golfstrom" der Liebe Gottes in die Welt hineinzutragen? Oder ...?

Gott hat uns lieb

Manches Land außerhalb Deutschlands liebe ich sehr – so auch die Niederlande. Wie oft war ich dort zum Dienst. Ich staunte über die mächtigen Deichbauten und freute mich über die herrlichen, mehrfarbigen Blumenfelder sowie über all das, was ich im Reichsmuseum in Amsterdam sah. Die wohlklingende Sprache der Niederländer meint in manchen Vokabeln etwas völlig anderes als bei uns in Deutschland. So sagt man für das deutsche Wort „klingeln“: „bellen“, für „Kanal“: „Schlot“, für „Nebel“: „Mist“, für „radfahren“: „reiten“ und für „Fensterputzer“: „Glazenwäscher“.

Und welch eine herzliche Verbundenheit hatte ich mit vielen niederländischen Glaubensgeschwistern, von denen die meisten schon heimgegangen sind.

In diesem Land verteilten vor einiger Zeit Gläubige kleine Täfelchen mit dem Wort aus Joh. 3,16:

„Also hat Gott die Welt geliebt, daß er seinen eingeborenen Sohn gab, auf daß alle, die an ihn glauben, nicht verloren werden, sondern das ewige Leben haben.“

Direkt unter diesem Jesuswort stand der Satz:

„Und wenn du wissen willst, *wen* Gott lieb hat, dann drehe dieses Täfelchen um.“

Wenn man es tat, sah man in einem Spiegel *sich selbst.*

Ja, es ist in der Tat so, daß Gott dich und mich lieb hat. *Aber Achtung*: Seine rettende Liebe begegnet dem Menschen nur auf Golgatha, wenn er mit seiner Sünde und Schuld zum Kreuz des Gottessohnes kommt.

Laßt uns noch dankbarer werden

Wie oft habe ich mich schon gefreut, daß ich von der Gottesferne in die Gottesnähe gelangen durfte, und daß ich seitdem in so reichem Maße Gottes Barmherzigkeit erfahren habe. Doch wie oft mußte ich mich meiner Undankbarkeit schämen. Wie oft fehlte nur die Blume der Dankbarkeit.

Danken hängt sprachlich mit *denken* zusammen. Nachdenken führt zum Dank. Undankbarkeit ist Gedankenlosigkeit.

Die Vögel singen, wenn der Frühling über Berg und Tal kommt. Die Blumen blühen, wenn sie die Sonne küßt. Und der bekehrte Christ dankt, weil er von den unzähligen Wohltaten Gottes lebt.

Ich will jener alten Gottesfrau nacheifern, die jedes Gebet mit *Danken* begann.

Ein besonderer Ausdruck der Freude

Es war in einem der furchtbarsten Kriege, die die Welt erlebte. Menschen wurden in Massen durch Kanonen hinweggerafft. Andere starben an einer der schlimmsten Krankheiten der damaligen Zeit, der Pest. Dritte wehrten sich gegen die schreckliche Hungersnot, die so groß war, daß oft 20 oder 30 Menschen herumstreunenden Tieren nachliefen, um sie zu schlachten.

In dieser Zeit schrieb einer der Großen des Reiches Gottes das Lied „Nun danket alle Gott" nach Sirach 50, 24-26. Zunächst sang man es als Tischgebet in seinem eigenen Haus. Bald aber sangen es viele seiner Glaubensgeschwister mit ihm. Und als der Krieg zu Ende war, da sangen alle, die ihn überstanden hatten, und das war nur knapp die Hälfte des deutschen Volkes.

Gleich nach einer Evangelisation mußte ich nach Hause fahren. Die jungen und alten Geschwister begleiteten mich zum Bahnhof und wollten in der Bahnhofshalle, da große Dankbarkeit unserem Herrn gegenüber die Herzen erfüllte, einige Dankeslieder singen.

Wir fragten den Bahnhofsvorsteher, ob das Singen erlaubt sei. Er gestattete uns, *ein* Lied zu singen. Und wir sangen das Lied „Nun danket alle Gott". Wenn wir mit der dritten Strophe fertig waren, begannen wir wieder von vorn. Nur das *eine* Lied sangen wir unter dem Schmunzeln des leitenden Bahnbeamten. Wir sangen es, als wir die Fahrkarte kauften, als wir durch die Sperre gingen und auf dem Bahnsteig, bis der Zug in der Nacht verschwand.

Ja, die Dankbarkeit ist ein besonderer Ausdruck der Christenfreude.

Der kräftige Händedruck

In einer Autobahn-Raststätte sitze ich am gleichen Tisch mit einem mir fremden Beamten. Er erzählt mir von dem geringen Gehalt, das er bekommt, und von seinen Krankheiten.

„Zur Zeit bin ich in Behandlung bei einem Orthopäden, bei einem Internisten, bei einem Augenarzt, bei einem Hals-Nasen-Ohrenarzt und bei einem Zahnarzt. Da muß man schon das wenige Geld zusammenhalten, um durchzukommen."

„Aber Sie sind doch in einer Krankenversicherung!", entgegne ich ihm.

„Sind Sie ein Versicherungsagent?" fragt er mich sofort.

„O nein! Ich würde wohl als Versicherungsagent verhungern; denn zu diesem ehrbaren Beruf fehlen mir alle Voraussetzungen. Aber in gewisser Hinsicht bin ich *doch* ein Versicherungsagent: Ich möchte nämlich die Leute mit dem Himmel versichern."

Mein Gegenüber merkt, daß ich Pfarrer bin, und legt los:

„Mit Gott will ich's schon noch halten, aber sein Bodenpersonal ist mir zuwider."

Er erzählt mir von einem Pfarrer, der ihm vor 22 Jahren, als er im Krankenhaus lag, nicht besucht hat, und von einem zweiten Pfarrer, der seiner Tochter immer schlechte Religionsnoten verpaßte.

Unsere Unterhaltung wird immer lauter, so daß die Leute an den Nachbartischen gespannt zu uns herüberschauen.

„Ich meine", so sage ich, „es ist zweckmäßig, wir schlagen zunächst an unsere *eigene* Brust, erkennen unsere *eigenen* Schandtaten und bitten Jesus um Vergebung, der uns dann aber auch befähigt, *anderen* zu vergeben."

Als wir uns schließlich mit einem kräftigen Händedruck verabschieden, verspricht mir der Mann, die Fragen, die uns in der letzten Stunde beschäftigten, weiterhin in seinem Herzen zu bewegen.

Das neue Gesicht

Wie sehr hatte ihn der Alkohol gequält. Jahrzehntelang lebte er unter einem furchtbaren Druck. Und dann kapitulierte er vor Jesus, zog die weiße Fahne der Übergabe auf seinem Lebenshaus auf, durfte die Fenster in Richtung Himmel öffnen und sie in Richtung Welt schließen und erlebte in der Bekehrung und Wiedergeburt den unentbehrlichen Anfang des neuen Lebens.

Nach Monaten schrieb er mir einen lieben Brief, der mich in helle Freude versetzte und der mit den Worten schloß:

„Gelegentlich werden wir uns schon mal wiedersehen. Hoffentlich erkennen Sie mich dann; denn ich habe ein ganz neues Gesicht bekommen."

Es stimmte!

Der geistliche Tiefschlaf

Da und dort entdecke ich viel Schläfrigkeit in den Gottesdiensten, die oft mit seelischer Schlafsucht zusammenhängt. Ich meine, ein Grund für diese gefährliche Schläfrigkeit ist darin zu suchen, daß man die Sünde nicht mehr erkennt und bekennt. „Ein gut Teil unter euch schläft", sagt der Apostel Paulus in 1. Kor. 11,30.

In der „Rheingräflichen Ordnung über den Kirchenschlaf" vom Jahre 1694 kann man folgendes lesen:

„Wenn einer schläft, so sollen die Benachbarten auf beiden Seiten ihn von dem Schlaf erwecken und in Unterlassung dessen, wenn nämlich der Schlafende schnarcht und mit dem Kopf und Leib hin und her wanket, jeder gleichergestalt drei Albus (Silbergroschen) zur Strafe geben; damit aber einer sich des Schlafens desto besser enthalten könne, soll derselbe, den der Schlaf ankommen will, sich aufrichten und der Predigt stehend zuhören."

Niemand hat geschlafen

Im Mittelalter gab es in den Kirchen außer dem *Küster* den *Wecker.* Er ging am Sonntagmorgen durch die Reihen der Kirchenbesucher und rüttelte die Eingeschlafenen mit seinem Weckerstab auf.

Auch heute brauchen wir in unseren Gottesdiensten göttliche *Weckmittel*; denn *Schlafmittel* gibt es genug.

Vor einer Fahrt nach Oberfranken, wo ich in einer Stadt einen großen Gottesdienst zu halten hatte, bat ich die Schwestern unseres Mutterhauses, fleißig zu beten, daß kein Mensch in diesem Gottesdienst einschläft, sonst müßte ich runter von der Kanzel, um die Schläfer aufzuwecken.

„Herr Pfarrer! Tun Sie das bitte nicht; denn was gäbe das für eine Aufregung und für Sie manche Unannehmlichkeiten. Auf jeden Fall wollen wir alle fleißig beten, daß keiner einschläft!"

„In Ordnung!"

Nach meiner Rückkehr kommen 'ne Menge Schwestern auf mich zu und atmen dankbar auf, als sie hören, daß niemand geschlafen hat.

Gefrierhähnchen unterm Hut

Auf einer Jugendkonferenz im Jahre 1972 erzählte mir ein junger Mann vom Jugendbund für entschiedenes Christentum eine Geschichte, die ganz in seiner Nähe passiert war:

Eine ihm bekannte Frau ließ in einem Kaufhaus klammheimlich ein gefrorenes Hähnchen unter ihrer Kopfbedeckung verschwinden. Zunächst ging alles reibungslos. Doch an der Kasse nahm das Unheil seinen Lauf. Noch bevor die 42jährige Frau die Hand zum Zahlen ihrer Rettiche ausstrecken konnte, sackte sie lautlos zu Boden. Der Hut rutschte der Ohnmächtigen vom Kopf, und das Hähnchen polterte der Kassiererin vor die Füße. Ein sofort herbeigerufener Arzt gab folgende Diagnose: „Unterkühlung des Gehirns durch starke Kälteeinwirkung."

Ich übergab diesen „Fall" einem mir bekannten, erfahrenen Seelsorger, der am „Tatort" wirkte und der die Frau zu innerem Frieden führen sollte, zumal die Diagnose Gottes auf „Diebstahl" lautete.

Die große Nase

Im Dezember 1974 fahre ich mit der Bundesbahn nach einem Dienst bei unseren Schwestern in Oberhausen nach Gunzenhausen zurück und sehe – wie schon so oft – zu meiner Freude den bedeutendsten gotischen Kirchenbau in Deutschland, den Kölner Dom mit seinen 160 m hohen Türmen. Ich sehe den Rhein mit den vielen Burgen rechts und links, die mich immer wieder beeindrucken.

Auf einer Station steigt eine junge Dame zu, die in meinem Abteil mir gegenüber Platz nimmt. Ihre Nase ist mit einem dicken Verband verpflastert, festgemacht durch mehrere Leukoplaststreifen. Wir kommen miteinander ins Gespräch.

„Hatten Sie einen Unfall?“ frage ich teilnahmsvoll. „Sind Sie gestürzt?“

Während sie vorher ganz gesprächig war, wird sie nun sehr still. Ich merke, es ist ihr schwer, mir zu antworten. Darum will ich auf ein anderes Thema überleiten. Doch die junge Dame kommt auf das Thema „Nase“ zurück und sagt stockend:

„Ich war in einer Klinik und habe in den letzten Tagen eine Schönheitsoperation vornehmen lassen, die mich ein paar tausend Mark kostete; denn meine Nase war so riesenhaft groß, solch ein unverschämter Zinken, daß ich von Kindheit an ständig gehänselt, verspottet und verlacht wurde. Die Operation ist gelungen. Doch jetzt muß ich die Nase noch schonen. Deswegen der Verband!“

Sie zeigte mir ein Bild: „So sah ich *vor* der Operation aus.“

„Ich finde die Nase ganz normal“, entgegne ich ihr ganz aufrichtig.

Anschließend sprechen wir in Gottes Gegenwart sehr ernst über die Operation und vieles andere, was der

Mensch wissen muß, um in die liebenden Arme des himmlischen Vaters zu kommen.

Als ich in Würzburg den Zug, der in Richtung Nürnberg weiterfuhr, verlasse, da meine ich, ein wiedergeborenes Gotteskind im Abteil zurückgelassen zu haben.

Ich steh' in meines Herren Hand

Am 8. Juni des Jahres 1975 fand in Marburg/Wehrda die Bundeskonferenz des Blauen Kreuzes statt. Das Thema lautete: „Jesus lebt! Jesus siegt!" Wir freuten uns über vieles: Über das wunderbare Wetter, über die vielen Menschen, die gekommen waren, über den Buchenauer Posaunenchor, über den Blaukreuz-Chor und über die Gemeinschaft untereinander.

Am meisten aber beeindruckte mich der Gesang der „Ehemaligen". Sie sangen am Nachmittag des zweiten Tages das Lied von Philipp Spitta:

„Ich steh' in meines Herren Hand
und will drin stehen bleiben."

Allen Sängern und Sängerinnen sah man es an, daß die große Freude an Jesus, dem Retter, ihre Herzen erfüllte.

Der Franzl vom Bayerischen Wald

Im September 1978 wurden wir im Urlaub im Bayerischen Wald reich erquickt. Ganz in der Nähe unseres Quartiers unterhielt eine Bäuerin eine kleine Landwirtschaft. Sie hatte ihre besondere Freude an ihrem 9jährigen, aufgeweckten Sohn Franzl.

„Du Franzl, ich muß die Henne schlachten, die dir so sehr ans Herz gewachsen ist. Sie ist zu alt und legt ja auch keine Eier mehr."

Umsonst bat Franzl die Mutter, die Abschlachtung doch noch etwas hinauszuschieben.

Dann kam der Tag, da die Bäuerin die Henne in einen Sonderkasten einsperrte, um sie am nächsten Morgen zu schlachten.

In einem unbeobachteten Moment schlich Franzl in die Speisekammer, holte ein Ei und legte es heimlich der alten Henne in den Kasten.

Wie erstaunt war die Bäuerin am nächsten Morgen.

„Franzl! Die Henne fängt wieder an, Eier zu legen. Ich will mal sehen, ob sie auch weiterhin legefreudig ist; dann bleibt sie noch am Leben."

Am nächsten und am übernächsten Tage fand die Bäuerin erneut Eier im Kasten der Henne.

Doch am vierten Tag fand Franzl kein Ei in der Speisekammer der Mutter. Der Schwindel kam raus. Die Henne wurde zum Leidwesen des Franzl, den die Mutter im Blick auf seine Zukunft ernstlich vermahnte, geschlachtet. Nicht einmal die gute Hühnerbrühe nahm der Franzl zu sich. Ihm hatte der Schmerz für einige Stunden den Appetit verschlagen.

Hochwürden

Im gleichen Urlaub machen wir einen Ausflug zum Großen Arber. Er ist mit seiner Höhe von 1457 m der höchste Berg des Bayerischen Waldes.

Meine Frau und ich sitzen in einer von Drahtseilen getragenen Doppelgondel, die uns von der Talstation aus in kurzer Zeit zur Bergstation trägt. Vor uns in der Doppelgondel schwebt ein junges Paar nach oben; hinter uns in 30 m Entfernung sitzt ein Glaubensbruder, der mit uns zusammen die Urlaubstage im Bayerischen Wald verbringt, allein in der Gondel.

Alle Menschen, die im Gegenverkehr nach unten getragen werden, grüßen wir und erhalten frohe Gegengrüße. Ich falle den meisten durch meine dunkle Kleidung und den schwarzen Hut auf. Viele fragen sich gewiß: „Was mag *der* wohl von Beruf sein?" – und tippen auf einen bestimmten.

Und wieder kommt ein Ehepaar an uns vorbei, denen wir ein herzliches „Grüß Gott" zurufen. Als das Paar in Höhe unseres Glaubensbruders ist, hört er, wie der Mann zu seiner Frau sagt:

„Hast du gesehen! Das war Hochwürden mit seiner Köchin im Urlaub!" – und meinte damit mich und meine liebe Frau.

Wir mußten, als wir oben ankamen, herzlich lachen. Aber „Hochwürden" bin ich nicht.

Der liebe Claus

An einem schönen Augustsonntag des Jahres 1982 fahre ich in den Pegnitzgrund bei Nürnberg, um eine „Stunde" zu halten. Ich freue mich an den Geschwistern und Freunden, die gekommen sind, um Gottes Wort zu hören.

Unter den Zuhörern ist auch ein junger Mann, von Kindheit an querschnittsgelähmt. Mit ihm und seinen Eltern bin ich aufs herzlichste verbunden. Wie viele gemeinsame Segensstunden wurden uns vom Herrn in den vergangenen Jahrzehnten geschenkt.

Am Schluß der „Stunde" frage ich den jungen Mann vor versammelter Gemeinde, welches Lied er sich wünsche. Sofort reagierte er und sagte:

„Bitte, lassen Sie das Lied ‚Kommt, stimmet alle jubelnd ein: Gott hat uns lieb' singen."

Und wir sangen es mit dankbarem und frohem Herzen.

Der Kriegskamerad

Im gleichen Monat besuchte mich ein Kriegskamerad. Im Zweiten Weltkrieg erlebten wir gemeinsam viel Schweres, wurden nach der Kapitulation getrennt und sahen uns im Gefangenenlager wieder, wo er in einem Teillager meine Gottesdienste vorbereitete.

Als wir uns nach Abschluß der Kriegsgefangenschaft verabschiedeten, war er 22 Jahre alt und ich 32 Jahre. Und nun gab es ein Wiedersehen. Er ist inzwischen 59 Jahre alt und ich entsprechend 10 Jahre älter.

Wir hatten uns viel zu erzählen.

Doch das Schönste: Jesus Christus hatte uns beide bis zur Stunde in seiner Nachfolge belassen und uns davor bewahrt, im Meer der Sünden unterzugehen. Des Herrn Hand war unser Rettungsboot. Diese Hand wird uns auch weiterhin in allem bewahren.

Gemeinsam priesen wir den himmlischen Vater für alle Wohltaten. Wir priesen Gottes Sohn, unseren Seligmacher, der für uns die Gnadentür geöffnet und die dunklen Stellen in unserer Biographie getilgt hat. Und auch den Heiligen Geist priesen wir in gleicher Weise, der uns die Kraft gibt, des Herrn Zeugen sein zu dürfen.

Auf der Suche nach Stille

Man hat das Zeitalter, in dem wir leben, das Zeitalter der Atomriesen und Moralzwerge, der Weltraumforschung und der Automation genannt. Ein Zeitgenosse gab ihm sogar den Namen „Zeitalter des Lärms“ und hat mit dieser Benennung gewiß ins Schwarze getroffen, zumal heute nicht nur die Knotenpunkte des Verkehrs und des Handels, die Großstädte, vom Lärm erfüllt sind, sondern auch die entlegensten Dörfer davon betroffen sind.

Wir Christen brauchen immer wieder die Stille in der Unruhe und dem Unfrieden unserer Zeit.

Nur in der Stille hören wir Gottes Stimme.

Nur in der Stille wird er uns zum Helfer.

Nur in der Stille läßt uns der Herr von leiblichen und geistlichen Nöten genesen.

Nur in der Stille werden wir der Vergebung unserer Sünden gewiß.

Nur in der Stille zieht die Freude am Herrn in unser Herz ein.

Nur in der Stille erwachen in unserer Brust die Lob- und Danklieder.

Nur in der Stille werden wir über alles Unreine und Gemeine hinausgehoben.

Nur in der Stille bekommen wir neuen Mut und neue Kraft.

Nur in der Stille atmen wir Himmelsluft.

Nur in der Stille werden wir vom himmlischen Frieden umweht.

Und diese Stille – auch rein äußerlich – suchte ich für die nächsten 14 Tage, zumal es mir gesundheitlich nicht gut ging. Man machte mich auf eine stille Ortschaft in schöner Umgebung aufmerksam. Das Quartier war ideal, die Quartiersleute äußerst nett.

Wir waren gerade zehn Minuten in unserem schönen Zimmer, als eine Kreissäge zu dröhnen begann. Und sie dröhnte mit kurzen Unterbrechungen in den nächsten Tagen von früh bis abends.

Außerdem hatte jemand in der ersten Nacht unseres Dortseins eine große Müllgrube, die ganz in der Nähe war, in Brand gesetzt, so daß – wenn der Wind ungünstig blies – fürchterliche Rauchschwaden auch unser Haus einnebelten. Der Gestank war tagelang nicht zu überriechen.

„Sollen wir ausziehen?", „Sollen wir uns beschweren?", „Sollen wir bei der Stadtverwaltung protestieren?" „Nein! Das machen wir nicht."

Wir blieben und praktizierten die Freude an Jesus, die keine theoretische Angelegenheit bleiben darf – zum Erstaunen unserer Quartiersleute. Auch im Blick auf die Gesundheit half der Herr, wie schon so oft.

Die große Überraschung

Im Frühjahr 1983 fuhren wir von Marburg, wo wir an einer Tagung teilgenommen hatten, in Richtung Gunzenhausen. Im Auto saßen unsere Frau Oberin, die Fahrerin – eine Diakonisse – und ich.

Nach 50 Kilometern Fahrt kam uns der gute Gedanke, in Bad Brückenau haltzumachen, wo einige Geschwister aus unseren Gemeinschaften in unserem Genesungsheim „Haus Germania“ zu Tagen biblischer Besinnung versammelt waren. Diese lieben Glaubensgeschwister wollten wir – uns und ihnen zur Freude – überraschen.

Schwester Gerda und Bruder Täschlein, welche die Freizeit leiteten, bewegten, als wir ins Vestibül des Hauses eintraten, gerade mit ihren Leuten in einer abendlichen Bibelstunde Gottes Wort.

Die leitende Schwester des Hauses holte Schwester Gerda nach draußen. Wir baten sie, damit die Überraschung perfekt würde, zu den Geschwistern hineinzugehen und ihnen zu sagen:

„Drei christliche Wandergesellen wollen euch ein Lied singen.“

Das tat sie auch – mit dem Erfolg, daß eine Frau aufsprang und rief:

„Vorsicht! Ich habe heute nachmittag in Bad Brückenau drei Straßensänger gehört, die fürchterliche Lieder sangen; gewiß sind's dieselben, die jetzt vor der Tür stehen.“

Eine allgemeine Erregung erfaßte den Raum. Doch wie groß war die Freude, als *wir drei* eintraten und das Lied „Stern, auf den ich schaue“ anstimmten. Nach den ersten Takten sangen *alle* frohen Herzens mit.

Beispielhaft

Am 21. November 1985 beging die Stadtmission Nürnberg ihr hundertjähriges Bestehen mit einer Feierstunde in der Sebalduskirche am Albrecht-Dürer-Platz.

Einige Schwestern von unserem Mutterhaus und ich fuhren mit dem Auto hin. Es war ein selten kalter Tag. Die Temperaturen lagen weit unter Null. In der Nähe der Kirche hielten wir und sahen, noch bevor wir ausstiegen, wie zwei Polizisten mit Riesenschritten auf uns zusprangen.

Ich fragte mich: Ist unsere Diakonisse, die am Steuer saß, zu schnell gefahren? Oder haben wir an falscher Stelle gehalten? Oder will man uns aus einem anderen Grunde einen Strafzettel präsentieren?

Nichts von alledem! Die Polizisten wollten den Schwestern und auch mir, dem über Siebzigjährigen, wegen des glatten, rutschigen Bodens freundlichst aus dem Auto heraushelfen. Ja, sie faßten mir sogar unter den Arm, um mich behutsam bis zum Eingangstor der Sebalduskirche zu führen.

„Tausend Dank, Ihr Lieben! Wenn ich der Polizeipräsident dieser Stadt wäre, würde ich euch sofort einen Sonderurlaub von 14 Tagen genehmigen."

Auf der Rückfahrt blieb unser Auto im Ostteil unserer Stadt bei einer kleinen Steigung wegen der Glätte stecken. Wohl drehten sich die Räder, aber das Fahrzeug kam nicht von der Stelle. Da sprang, ehe wir selbst Hand anlegen konnten, kurzentschlossen eine stattliche junge Dame herzu, schob das Auto, und schon fuhr es weiter.

Stunden später wollte ich mich nach dem Namen der Dame erkundigen, um ihr als Dankesgruß einen Blumenstrauß zu übersenden. Doch alle Nachforschungen blieben ergebnislos.

Gemeinschaft der Heiligen

Das Ries ist eine Landschaft in Bayern, ein rundes, fruchtbares Becken zwischen Schwäbischer Alb und Fränkischem Jura. Es hat einen Durchmesser von 20-25 Kilometern und ist aller Wahrscheinlichkeit nach ein Krater, der vor Jahrtausenden durch den Einschlag eines großen Meteoriten entstanden ist. Nördlingen ist die bedeutendste Stadt im Ries. Die Bewohner der ganzen Gegend sprechen eine schwäbische Mundart.

Dort im Ries wohnte ein über 80 Jahre alter Mann, Landwirt von Beruf und ein seltener Priester Gottes mit einem liebenden Herzen für Verlorene. Er brach sich damals einen Fuß und mußte für längere Zeit ins Krankenhaus. Kurz nach seiner Entlassung machte er sich auf, um in der nahen Kreisstadt die Gemeinschaftsstunde zu besuchen, obwohl ihm das Fortbewegen äußerst beschwerlich war. Die Glaubensgeschwister freuten sich riesig, als er in den Saal hineinhumpelte; denn sie liebten und schätzten ihn alle.

„Ja, hast du es wirklich gewagt, schon zu kommen?" fragte man ihn.

Seine Antwort:

„,s hot mi reizoga!"

Durch sein Kommen stillte dieser treue Mann die Sehnsucht seiner Geschwister nach Gemeinschaft.

Der schönste Turm der Christenheit

Die alte Universitätsstadt Freiburg im Breisgau, am Westrand des Schwarzwaldes gelegen, gehört – meiner Meinung nach – zu den schönsten Städten unseres Vaterlands.

Mir ist der Aufenthalt in dieser Stadt auch durch das milde Klima besonders angenehm. Wie lustig sind – entlang der Gehsteige – die „Stadtbächle", in die schon mancher aus Versehen reingetreten ist und sich nasse Füße geholt hat.

Doch einen ganz großen Eindruck macht auf mich jedesmal das Münster, das man um das Jahr 1200 zu bauen begann – eines der größten Meisterwerke gotischer Baukunst. Der 116 m hohe Turm mit seinen 328 Treppenstufen soll – wie unsere Väter sagten – *„der schönste Turm der Christenheit"* sein. Mag sein, daß das stimmt. Doch es gibt noch etwas Schöneres als den Turm des Freiburger Münsters; das ist *Jesus* selbst, „mein schönste Zier und Kleinod", „das schönste Licht in Ewigkeit", die „hochgelobte Schönheit", die „schöne Freudenkrone".

Immerwährende Freude

Es ist wahr, was einst ein Gottesmann sagte:

„Gott hat seinen Sohn nicht gesandt, um uns zu betrüben, sondern um uns fröhlich zu machen."

Was die Sonne für die Natur ist, das ist die gottgeschenkte Freude für uns Christen. Sie gleicht dem Feuer, das Widriges verzehrt. Christsein ohne Freude ist Krampf, ist ein Widerspruch in sich selbst. Unser Herr ist ein Freund der Freude; und *wahre* Freude ist *nur* bei *ihm* zu finden. *Immerwährende* Freude aber wartet auf uns, wenn wir nicht mehr in der *Fremde*, sondern bei ihm in der ewigen Heimat sind.

Von Günther Carqueville sind bisher erschienen:

»Parole?« – »Jesus!«
TELOS-Taschenbuch Nr. 537, 64 Seiten

»Die kleinen Geschichten, die dieses Buch enthält, sind geschehen und erlebt. Mit ihnen soll Jesus Christus gerühmt werden, der aus Gnaden dem Demütigen alles gibt und vergibt und der die Seinen nach allem Kampf und aller Not des irdischen Daseins zu sich nimmt. Dann werden wir im Anschauen seiner Herrlichkeit bekennen: »Jesus, Jesus, nichts als Jesus!«

Ganz für Jesus
TELOS-Taschenbuch Nr. 538, 120 Seiten

Das Buch ist eine Gabe zum 75. Geburtstag Günther Carquevilles. In den vergangenen Jahrzehnten hat er als Rektor des Diakonissen-Mutterhauses »Hensoltshöhe« in Gunzenhausen eine ausgedehnte und weitreichende geistliche Wirkung entfalten dürfen. Das Buch enthält eine kleine Auswahl seiner Andachten und Auslegungen.

In Vorbereitung:
Eine kleine Märtyrergeschichte

Verlag der Francke-Buchhandlung GmbH
Marburg/Lahn